AF276757

Javier Recas

APROXIMACIÓN AL AFORISMO FILOSÓFICO ESPAÑOL

CYPRESS
CULTURA

1ª ed., marzo de 2025

φύσις κρύπτεσθαι φιλεῖ.
(Heráclito, DK B 123)

Colección φιλεῖ
Director: José Luis Trullo

Una iniciativa de Cypress Cultura
www.cypress.com.es

ISBN: 979-13-87504-03-8
Depósito legal: SE 3066-2024

Thema: QD Filosofía

IMPRESO EN LA UNIÓN EUROPEA

ÍNDICE

1. Sobre el concepto de aforismo filosófico

Como nos tiene acostumbrados, el aforismo no nos pone fácil casi nada. Su huidiza definición, sus borrosas fronteras, su exigente creación… El carácter filosófico del aforismo, aunque quizás no lo parezca a primera vista, también contribuye a la compleja naturaleza del género, generando múltiples ambigüedades, entre ellas el sentido mismo de lo que ha de entenderse por "aforismo filosófico". Sin dilucidarlo no es posible abordar su relevancia en el actual panorama español del género. Valgan estas páginas como anticipo de una exposición más detallada que presentaré en breve.

Comenzaré por señalar lo que *no es* un aforismo filosófico, cuestiones que en numerosas ocasiones conduce a equívocos.

En primer lugar, el aforismo filosófico no se identifica con el cultivo del género por parte de los filósofos profesionales, como tampoco es la poesía privativa de los profesores de literatura.

Los aforismos filosóficos son muy numerosos, pero lo son a pesar de que los grandes nombres de la historia de la filosofía no los han cultivado profusamente ni han alcanzado tampoco gran prestigio como género. No han faltado, por supuesto, importantes cultivadores: Heráclito, Epicuro, los estoicos, Schopenhauer o Nietzsche, entre otros. Si lo comparamos con el ensayo o el tratado sistemático, han estado siempre en minoría y sin verdadero reconocimiento hasta la época contemporánea.

El aforismo se cultivó en los márgenes del cauce filosófico dominante. En la antigüedad helena, por ejemplo, las *Máximas* de Epicuro permanecieron sepultadas bajo el peso de las imponentes arquitecturas filosóficas de Platón y Aristóteles; el valiosísimo legado del *Oráculo manual* de Baltasar Gracián (que llevó a Schopenhauer a aprender español para leerlo en versión original) se vio oscurecido por el enorme eco del sistema racionalista cartesiano; lo mismo puede decirse de las *Máximas* de La Rochefoucauld o de Chamfort; y qué decir del torrente de singular lucidez de los *Cuadernos* de Lichtenberg frente al colosal impacto de la obra kantiana en el XVIII...

En la actualidad la situación ha cambiado y se ha atenuado su descrédito por muy diversos motivos: el peso de la obra de Nietzsche, que no tuvo remilgos en defender y utilizar el aforismo como un auténtico instrumento filosófico; el cambio de paradigma que ha propiciado un desmontaje de la razón y sus caracteres fuertes de objetividad, totalidad, coherencia (un desmontaje en el que el propio Nietzsche ha tenido mucho que ver)... Como consecuencia de lo anterior, el progresivo pero contundente desprecio de los grandes relatos (históricos, metafísico, político-sociales...); el desarrollo de una filosofía de la subjetividad que ha situado al individuo concreto, de carne y hueso, como protagonista de la reflexión filosófica (siendo este uno de los pilares del nuevo aforismo contemporáneo); la apertura filosófico-literaria a todos los géneros (y sus borrosas fronteras) auspiciado por las vanguardias y el movimiento posmoderno; y, en un lugar preeminente, la asimilación lírica del aforismo entre los poetas como una forma de expresión hermanada con la poesía (cuestión a la que más adelante dedicaré una reflexión más detenida).

En España, el cultivo del aforismo intramuros de la filosofía tuvo un punto de inflexión en 1971, año de la publicación de *La dispersión*, de Eugenio Trías. Él fue quizá el primer filósofo contemporáneo que se tomó en serio el aforismo, dándole además un renovado sentido como instrumento de des-fundamentación. Los aforismos de *La dispersión*, de profunda influencia nietzscheana, reflejan su convicción de que el género aforístico posibilita una renovación de las anquilosadas formas académicas. *La dispersión*, cabe decir, esparce las esquirlas de lo absoluto para abrazar lo fragmentario, nos instala en el límite entre lo finito y lo infinito, en ese lugar donde la conciencia humana se percibe como anclada terrenalmente pero trascendente a la vez. El ser humano, al fin y al cabo, es un ser fronterizo. El aforismo era para Trías idóneo para este pensar del límite: "Aforismo: pensar, decir y escribir en la paradoja y el misterio del límite de lenguaje y mundo"

Trías percibía el aforismo como un revulsivo frente al pensamiento sustancialista, que concibe una realidad formada por estructuras estáticas separadas de nuestras percepciones. El aforismo es una forma idónea para captar el dinamismo de lo real ("El pensamiento tiene que ser duro de cabeza y ligero de pies", escribió Trías) o en términos nietzscheanos: como una forma de dejarse impregnar por la inocencia del devenir.

A pesar, sin embargo, de que los vientos soplan hoy a favor del aforismo, este sigue siendo minoritario entre los profesionales de la filosofía española contemporánea, lo contrario que entre los poetas (una cuestión que tiene diversas y relevantes causas a las que luego haré referencia). Además de

Eugenio Trías, son relevantes cultivadores Andrés Ortiz-Osés, Ignacio Gómez de Liaño, Enrique Tierno Galván, Rafael Argullol, Miguel Catalán, Ángel Gabilondo, Emilio López Medina o Joan Carles Mèlich, entre otros. Cultivadores, hemos de decirlo, que en algunos casos son reacios a su identificación con el término aforismo, algo, por lo demás, relativamente frecuente en la historia del género, por su asociación con el tradicional perfil universalizador y legislador. Argullol despliega una "escritura transversal" que, sin prejuicios, quiebra el corsé de los géneros. En ella, el aforismo tiene un papel fundamental:

"Naturalmente, el aforismo es un tipo de expresión que se adecúa a la transversalidad literaria. Es, al mismo tiempo, poesía y pensamiento, narración e idea. Aparentemente hermético y enclaustrado en sí mismo, es, simultáneamente, escritura abierta, de paso, que teje un tejido siempre inacabado. El escritor de aforismos va dejando señales en su camino, insinuando el rumbo, pero velando la meta. Sus verdades son provisionales porque sabiamente renuncia a apropiarse de la verdad".

Volviendo a lo que *no es* un aforismo filosófico, en segundo lugar, tampoco es, sin más, cualquier frase breve filosóficamente relevante. Se requiere de un plus que integra una serie de cualidades que elevan al aforismo por encima de un simple enunciado. En ellas reside la esencia del aforismo. No vamos a entrar aquí en ellas, pero, sin duda, debe integrar más allá de la brevedad, entre otras, el ingenio y la agudeza, así como la autonomía textual.

Podríamos poner como ejemplo innumerables frases de las grandes obras de la historia de la filosofía, baste una como muestra. Escribe Kant en la *Crítica de la razón pura*: "Entiendo por doctrina trascendental del método la determinación de las condiciones formales de un sistema completo de la razón pura". Ni la brevedad ni la posible veracidad del aserto bastan para adquirir la condición de aforismo. Un aforismo es una cala en la realidad, una sonda que abre una trocha por la que asomarse a una perspectiva sugerente, sorprendente, tal vez provocadora. Es sutil, pues, su naturaleza filosófica porque va más allá de la consecución de una verdad. Indudablemente la verdad no le es ajena al aforismo filosófico, ¿cómo podría serlo?, pero no basta: necesita de ese plus del que antes hablábamos, pues de lo contrario, cualquier frase filosófica sería un aforismo. Sobre esta cuestión del papel de la verdad en el aforismo filosófico hablaremos más adelante.

Una tercera clarificación sobre la naturaleza del aforismo filosófico requiere deslindarlo de lo que denomino "filosofía de un aforismo". Mientras que esta última cuestión se refiere a la filosofía de fondo que todo aforismo alberga, un aforismo filosófico es, como enseguida veremos, una determinada forma en que modulan su mensaje algunos aforismos.

La filosofía de fondo de un aforismo se plantea, a su vez, en dos sentidos: nos remite, por un lado, a la filosofía que subyace a una expresión aforística determinada; y, por otro lado, a la naturaleza misma del aforismo y la forma de pensar que la sustenta.

En el primer sentido descubrimos que es posible rastrear en todo aforismo, aun en los que su temática está nominalmente alejada de cuestiones de filosofía, una determinada idea u orientación filosófica. Por ejemplo, si tomamos un aforismo jurídico como el siguiente: "Ignorantia facti, non iuris excusatur" ("Se excusa la ignorancia del hecho, mas no la del derecho"), es obvio que no se trata de un aforismo filosófico, su materia es otra; sin embargo, su formulación presupone una filosofía jurídica, entre otras cosas como una moral o un determinado concepto de ignorancia.

En el segundo sentido hablamos de la filosofía que sustenta la forma reflexiva y expresiva del aforismo: una filosofía de la fragmentariedad, del ingenio y la agudeza, del apunte mental, de la ruptura de la cadena infinita de argumentaciones... La fragmentariedad es doble, por una parte, respecto a la naturaleza del objeto en tanto el aforismo es una especie de apunte impresionista de la realidad, de la que no se pretende una descripción exhaustiva sino iluminadora de un aspecto; y, por otra parte, es fragmentario respecto al acto mismo de conocimiento, al surgir de un fogonazo aislado de la mente, escindido de un posible decurso argumentativo.

Respecto al fondo filosófico del aforismo hay que hacer una última consideración. El aforismo, como género, contiene en su esencia misma un componente filosófico. De la sola expresividad, vacía de contenido filosófico, por muy bella y breve que pueda ser, no resultará un aforismo. Todo auténtico aforismo ha de tener, por el hecho de serlo, alguna forma de hondura, un cierto calado filosófico más o menos explícito, que emana del asombro, la admiración, el desconcierto y la perplejidad ante la vida. Esta naturaleza filosófica de fondo de todo aforismo no ha pasado desapercibida en importantes diccionarios de la lengua. Covarrubias, por ejemplo, capta en su definición su sentido filosófico al caracterizarlo como "explicación suelta de las cosas", subrayando con ello la naturaleza epistemológica del aforismo antes mencionada en la que se desliga una reflexión del largo recorrido de la argumentación.

Estas consideraciones sobre el fondo filosófico de un aforismo, en todo caso, a pesar de su relevancia para la comprensión de la naturaleza del mismo, no resuelven la cuestión que ahora nos ocupa de determinar qué ha de entenderse por aforismo filosófico. Filosofía de un aforismo y aforismo filosófico son, como dijimos, cosas diferentes.

Por último, hay un cuarto error que ha de evitarse al hablar de aforismo filosófico. Con cierta frecuencia se ha dividido el aforismo en dos grandes grupos: metafórico y metafísico, conceptual y metafórico, o poético y filosófico. Confieso que soy reacio a esta clasificación si no va acompañada de las necesarias matizaciones.

Por una parte, sería un error considerar que ambas categorías son algo así como subgéneros del aforismo, como el cuento y la novela en el género narrativo. La realidad es que estas clasificaciones no funcionan en el aforismo como compartimentos estancos, porque son enfoques muchísimas veces entreverados. Antes que hablar de dos subgéneros del aforismo, debemos considerarlos dos modalidades o tonalidades de una misma figura literaria.

Por otra parte, estas clasificaciones muestran dicotomías parciales que resultan inadecuadas para abarcar la riqueza de la aforística real. El dualismo metafórico-metafísico no agota los respectivos campos poético y filosófico: ni todo lo poético es metafórico, ni todo lo filosófico metafísico. Lo mismo puede decirse de lo conceptual y metafórico. El significado del término conceptual (relativo a la representación mental de algo) no se ajusta a lo que se pretende describir con esa modalidad aforística. Finalmente, el dualismo que enfrenta lo poético y lo filosófico, aun siendo más amplio, no tiene en cuenta, sin embargo, que puede un aforismo ser ambas cosas a la vez o ninguna de ellas. El aforismo jurídico, por ejemplo, no es ninguna de las dos cosas.

2. Dos modalidades de aforismo

Por las razones antes mencionadas, conviene acuñar para las dos grandes modalidades del aforismo moderno una nueva forma de referirnos a ellas que recoja con mayor justeza la naturaleza real de ambos en la actualidad. Me referiré a ellas con los términos declarativo y poético.

El aforismo *declarativo* es aquel en el que se expone una idea mediante una oración enunciativa para aportar información verdadera o adecuada a una determinada actividad. La verdad que se pretende trasmitir suele aludir a tres cuestiones fundamentales: al conocimiento (referido a hechos o a la coherencia entre determinadas ideas); a la orientación normativa de la acción humana; o, finalmente, a una pauta metodología en un arte o una ciencia. Esta última consideración aparece, con evidente restricción y anacronismo, en la definición de aforismo del diccionario de la RAE (*Máxima o sentencia que se propone como pauta en alguna ciencia o arte*).

El formato declarativo ha servido a todo tipo saberes, aunque históricamente los más relevantes fueron los aforismos jurídicos ("*In dubio pro reo*", "Ante la duda, a favor del reo"); los religiosos ("Con el orgullo viene el oprobio; con la humildad, la sabiduría); los científicos ("Caminar es la mejor medicina para un hombre", Hipócrates); o los artísticos ("La pintura es poesía muda, la poesía pintura ciega", Leonardo da Vinci),... y, obviamente, los filosóficos, de los que enseguida hablaremos, que constituyen hoy el grupo más numeroso de los aforismos declarativos.

En la segunda modalidad del aforismo, el *poético*, la forma expresiva se convierte en el factor nuclear, en condición imprescindible de todo aforismo logrado. Este tipo de aforismo está imbuido de una patente voluntad de estilo, Ferrater Mora lo denomina "ideal literario-formal". Es importante subrayar, en todo caso, que este protagonismo formal o expresivo no deber reducirse, como a veces ocurre, al recurso metafórico. Son muchos los aforismos poéticos que no utilizan metáforas, pero su ritmo y cadencia les dan un evidente acento lírico. Aforismos como este de Antonio Porchia: "Extraños, extraños, extraños, un infinito de extraños. Y yo, un extraño, solo". Otros ejemplos entre los aforistas actuales españoles:

Cuando desperté, mi soledad todavía estaba allí.
(Miguel A. Arcas)

Clarividencia. Ver lo pequeño. Verse pequeño.
(José Luis Gallero)

Si buscamos un aforismo poético marcadamente metafórico, tenemos que hablar necesariamente del postismo, tan influido por la greguería de Gómez de la Serna y sus juegos lingüísticos ("Hago fuegos de palabras", escribe Carlos Edmundo de Ory). Sobresale en este campo, aparte del propio Ory, Rafael Pérez Estrada.

Los pájaros son pensamientos perfectos.
(Carlos Edmundo de Ory)

La muerte, pececillo de plata del olvido.
(Rafael Pérez Estrada)

Pero podemos encontrar este tipo de aforismo de gran fuerza metafórica en poetas de todas las sensibilidades líricas. Algunos ejemplos:

En el trueque de frases los sentimientos son puentes de luz entre dos oscuridades.
(José Luis Morante)

En el corazón, florecen laberintos.
(Fernando Menéndez)

*Hay que andar con pies de plomo si se quiere cazar
los pensamientos al vuelo.*
(Manuel Neila)

Estas dos formas aforísticas, declarativa o poética, se perciben también si analizamos la agudeza, uno de los rasgos fundamentales del aforismo. En el aforismo filosófico-declarativo, el ingenio constituye un instrumento al servicio del entendimiento con el que se plantean con lucidez y agudeza cuestiones de calado filosófico. En el aforismo poético, sin embargo, el ingenio se vuelca en el propio lenguaje para explorar conexiones lingüísticas originales y estéticamente bellas.

Este dualismo declarativo versus poético, en el que todo encaja tan bien en términos teóricos, resulta en la práctica, como venimos diciendo, menos nítido. Lo que hallamos en términos reales en la aforística actual es un abanico de múltiples grados entre la sensibilidad filosófica y la poética. La dosis de ambos elementos, el desplazamiento del centro de gravedad hacia uno u otro foco, determina el tono o la modulación del aforismo, aunque son innumerables en los que es prácticamente indiscernible de qué lado de la balanza se inclina el fiel, como enseguida veremos.

Por supuesto, importa poco la ascendencia poética o filosófica de un autor. Ha habido poetas con una marcada tendencia al aforismo filosófico, como Fernando Pessoa, Antonio Machado o Antidio Cabal, y más recientemente José Luis Gallero, Chantal Maillard, o Luis Felipe Comendador...

Sólo la muerte revela la verdad. Por eso la verdad es misteriosa.
(José Luis Gallero)

No existe el infinito, el infinito es la sorpresa de los límites.
(Chantal Maillard)

El telón de la vida se levanta con la primera derrota.
(Dionisia García)

El tiempo converge con la verdad, pero lo hace siempre tarde.
(Luis Felipe Comendador)

Pero también al revés, filósofos cuyos aforismos tienen un innegable acento poético, como puede apreciarse en Nietzsche o en Cioran, o entre algunos españoles contemporáneos.

El pensamiento es una araña enredada en su tela. Sólo la embriaguez del genio la desenreda, y construye una red más vasta...
(Eugenio Trías)

El hombre sólo puede sobrevivir en los aledaños de la felicidad: en su centro volcánico se abrasa.
(Andrés Ortiz-Osés)

Tiembla por el estruendo del trueno quien no vio el fulgor del rayo.
(Miguel Catalán)

La dicotomía que algunos establecen entre la voluntad de verdad y la voluntad de estilo como fundamento de las dos modalidades de aforismos también se rompe en mil pedazos en cuanto se desciende a lo concreto. El aforismo, en todas sus formas, es una creación muy exigente que requiere tanto de exquisita atención a la forma como a la hondura del contenido. Forma y fondo se hallan siempre íntimamente relacionados. El interés por la gracia y la agudeza, la precisión lingüística, el recurso a la ironía, y, en general, la pretensión de brillantez, tienen en sí mismos un innegable valor estilístico que incumbe a todo aforismo, sea del tipo que sea. Por todo ello, más que recurrir al reduccionismo de una voluntad de estilo frente a una voluntad de verdad, deberíamos hablar de dos intereses en mutua complicación, que admiten, eso sí, graduaciones y prevalencias. Con esta consideración me alejo de Umberto Eco, para quien "el aforismo metafórico actual ha abandonado la pretensión de verdad en favor del estilo". Aforismos, nos dice, que con tal de ganar en gracia y agudeza olvidan que su contrario es igualmente verdadero ("puro juego de ingenio indiferente a la verdad", afirma Eco). Tal sería el caso de los aforismos cancroides de Oscar Wilde, que funcionan igual si invertimos sus términos: "La vida es algo demasiado importante como para hablar de ella en serio". Su inverso, escribe Eco, también es verdadero: "La vida es algo demasiado poco importante como para hablar de ella en broma".

Estas consideraciones nos llevan ineludiblemente a la cuestión de la verdad de un aforismo, algo que siempre sobrevuela cuando se habla del fundamento del mismo y que se convierte en cuestión medular en el caso del aforismo filosófico.

3. La verdad en el aforismo filosófico

Podemos discutir si un aforismo filosófico debe ser verdadero o basta tan solo con que sea certero, como decía José Bergamín: "No importa si un aforismo es cierto o incierto. Lo que importa es que sea certero". No niega con ello Bergamín el interés por la verdad, lo que está poniendo sobre la mesa es esa cualidad intangible que dota al aforismo de gracia y agudeza frente a una frase que pueda ser verdadera pero carece de aquella.

José Ferrater Mora opone en su diccionario el aforismo literario (mencionando a Bergamín) frente al filosófico, y defiende que este último necesariamente ha de tener una pretensión de verdad, mientras que el literario puede limitarse a ser certero. Aquí late la oposición entre el aforismo que, en su opinión, se constituye fundamentalmente con ideas y el que lo hace con palabras. Y añade: "cuando hay conflicto entre el uso de una idea y el de una palabra o un conjunto de palabras, hay que decidirse por el último". El siguiente aforismo bergaminiano se explicaría por esta relevancia de las palabras en el aforismo literario: "Ni una palabra más: aforismo perfecto". Esta división me parece a todas luces reduccionista, pues no hace justicia a la riqueza de numerosos aforismos en los que la verdad y la belleza juegan a la par, o, dicho de otro modo, donde el valor filosófico y el literario están intrínsecamente unidos, como luego veremos.

Con frecuencia se afirma que el aforismo moderno ha liquidado la pretensión de verdad con su giro sub-jetivista (esa era la idea de Eco). Pero tal cosa no ha sucedido, a menos que tengamos en nuestra mente tan sólo un concepto cientificista de verdad. El aforismo filosófico sigue albergando una pretensión de verdad (aunque pueda, lamentablemente no alcanzarla), pero no es la verdad objetiva de la ciencia. Antes que a describir con exactitud, el aforismo aspira a esbozar con lucidez. Es una verdad, para decirlo con Heidegger, como *alétheia*, como desvelamiento, un sacar a la luz o abrir el horizonte de sentido del ser. Pero esto presupone una renovación nuestra manera de mirar las cosas. Lichtenberg lo expresó con extraordinaria lucidez mediante una metáfora: "Nuevas miradas por antiguos agujeros". Esos antiguos agujeros son las grandes inquietudes e interrogantes del ser humano a lo largo de toda su historia; por eso muchas de las verdades aforísticas son verdades fundamentales sobre nuestro tránsito mundano: hay algo en el ejercicio aforístico de pulsión espiritual universal. Por ello, no se trata tanto de originalidad en las cuestiones como de la forma de plantearlas. En el aforismo, como en la poesía, una coma es otro mundo. Cioran escribió:

"El valor de la forma es fundamental. No importa que algo esté dicho, cómo esté dicho lo cambia todo. Sueño con un mundo en que se muriera por una coma".

Por ello, lo que nos cautiva del aforismo no es la verdad descriptiva, eso lo hace mejor la ciencia, sino la verdad de la experiencia mundana trasmitida con gracia y agudeza. Cuando un aforismo es genuino, alberga una verdad precisamente porque se erige como una forma de conocimiento. Un conocimiento, eso sí, modesto porque pone en juego nuestra subjetiva experiencia mundana, más allá (o, tal vez, más acá), de artificios epistemológicos.

En todo caso, que consideremos que un aforismo es verdadero no lo hace mejor aforismo: son numerosísimos los aforismos en los que reconocemos su valor más por el testimonio de una experiencia auténtica que por su verdad, o incluso reconocemos llanamente su falsedad y seguimos a pesar de ello considerándolos grandes aforismos. Tal vez porque a pesar de todo nos enseñan mucho sobre la vida:

No hay virtud que la pobreza no pervierta.
(Nicolás de Chamfort)

¿Qué es la vida humana? El primer tercio una diversión, el resto recordarlo.
(Mark Twain)

Nada puede contribuir tanto a la tranquilidad del alma como no tener opinión alguna.
(G. Lichtenberg)

Su capacidad para movernos o conmovernos, su provocadora interpelación a la reflexión, el valor de la experiencia vital que descubrimos en ellos son algunos de los motivos que pueden hacernos considerarlos certeros a pesar incluso de no considerarlos verdaderos en el sentido adecuacionista del término. El famoso aforismo de Chamfort que Schopenhauer colocó en el pórtico de sus *Aforismos sobre la sabiduría de la vida*: "La felicidad no es cosa fácil; es muy difícil encontrarla en nosotros e imposible hallarla en otra parte", no creo que se pueda aceptar como universalmente verdadero. Su veracidad, en la que creo, se sustenta en una determinada apreciación de la experiencia vital y no tanto en una descripción empírica.

El aforismo moderno se alimenta de la quiebra de la concepción tradicional de la verdad, fundada en el desengaño del anhelo de totalidad, en la sequedad de la lógica, frente a la defensa de una verdad multiplicadora de su potencial sobrepasando su humilde presencia. Karl Kraus, otro de los referentes del género en España, expresa esta idea con una sentencia reveladora: "El aforismo nunca coincide con la verdad; o es una media verdad, o es una y media". Esta sentencia contiene un rasgo fundamental para comprender el aforismo, y en concreto el modelo gnoseológico que lo sustenta: en el aforismo hay que contar tanto con lo que dice como con lo que calla e implica. La ironía, el sobreentendido, la calculada ambigüedad, la paradoja..., que en el aforismo son moneda corriente, se encargan de aportar, para decirlo con Kraus, esa otra *media verdad* adicional.

La verdad del aforismo se mueve hoy en un pensamiento débil que tanto ponderara Vattimo, bajo una filosofía minimalista que alberga una concepción de la verdad como resplandor deslumbrante que invita a la reflexión, una concepción de la verdad que bien pudiera resumirse en esta sugerente frase de Eugenio Trías: "El criterio de verdad de un enunciado es siempre la amplitud de su capacidad de seducción".

4. Modalidades de aforismo filosófico y su relevancia en la aforística española actual

Podemos definir el aforismo filosófico como una modalidad de aforismo en la que se exponen ideas inmanentes o trascendentes al hombre y el mundo con agudeza, concisión y autonomía textual.

Desde el punto de vista formal existen tres tipos de aforismos filosóficos:

A. El aforismo *filosófico-declarativo*, que es aquel en el que se expresan ideas filosóficas de manera concisa con una pretensión de verdad. Este aforismo filosófico podemos calificarlo de básico o puro (en el sentido de no compuesto).

B. El aforismo *filosófico-poético*, que es aquel en el que se expresan ideas sobre cuestiones filosóficas acudiendo a recursos líricos. Se trata, pues, de un aforismo mixto en el que, cabe decir, se filosofa poéticamente, para decirlo con Harald Fricke en su libro *Kann man poestisch philosophieren?* (1990). Aunque también es susceptible de verdad o falsedad, el elemento identificador es la voluntad de estilo.

C. El *aforismo filosófico-expresivo*, en que el autor manifesta sus sentimientos, estimaciones, dudas, interrogantes, o nos exhorta a algo... Este tipo de aforismo, aunque no puede ser declarativo, es compatible con el empleo de recursos líricos.

En lo formal existe una notable diferencia entre los dos primeros (los fundamentales), que se resume, como hemos dicho, en la relevancia de los recursos estilísticos: instrumentales en el declarativo, intrínseco en el poético. Andrés Sánchez Pascual afirma en su introducción a los aforismos de Nietzsche (Edhasa, 1997) que los aforismos filosóficos "no son el resultado de esfuerzos esteticistas, sino del trabajo del pensamiento".

En lo relativo al contenido, los tres tipos de aforismos filosóficos en nada se diferencian, todos tienen en común abordar los grandes temas de nuestra tradición filosófica: la realidad, el alma, dios, la libertad, el conocimiento, la duda, el bien y el mal, la belleza...

En el aforismo filosófico declarativo rigen las siguientes características: primacía de la idea sobre la forma; voluntad de exposición clara y rotunda de una idea; y texto susceptible de ser valorado en términos de verdad o falsedad. En términos puristas, le son secundarias las metáforas y demás recursos líricos. Ferrater Mora, que distingue entre aforismos literarios y filosóficos, demanda para estos últimos, como rasgo esencial, una inequívoca pretensión de verdad.

Este tipo de aforismo que fue paradigmático en la aforística clásica, sigue hoy muy presente en la actualidad, aunque el carácter universalista y edificante de aquella ha dejado paso a una actitud más modesta y más irónica. Recordemos que la historia del aforismo ha virado desde una evidente predominancia de la funcionalidad instructiva y la transmisión de conocimiento objetivo de verdades universales, hacia una progresiva subjetividad.

Esta exaltación contemporánea de la subjetividad ha propiciado la expansión de los aforismos filosóficos expresivos que se plasman en oraciones interrogativas, exclamativas, dubitativas, exhortativas o imperativas (menos frecuentes).

¡Atreveos de una vez a pensar a la deriva, desprovistos de alforja y salvavidas!
(Eugenio Trías)

Sueño con un mundo en que se muriera por una coma.
(Emil Cioran)

Este tipo de aforismo no es declarativo, en tanto no es ni verdadero ni falso, pero puede ser poético cuando predominan sus recursos formales. En ellas el autor aparece tras las ideas expresadas con una evidente carga subjetiva, emotiva incluso. En algunos casos las ideas se plasman de manera patente y en otras de manera más implícita, con un fondo filosófico velado. En la actualidad los aforismos interrogativos son los más frecuentes entre los expresivos, quizá por su carácter abierto que pide la participación del lector o por el alcance retórico de ciertos interrogantes.

El aforismo filosófico *declarativo* lo encontramos en todo tipo de autores: artistas, poetas o científicos, aunque son los filósofos, obviamente, los que más lo cultivan:

Todo verdadero pensamiento es siempre pensamiento de un imposible.
(Eugenio Trías)

Los sueños que no se hacen realidad tienden a convertirse en pesadilla.
(Miguel Catalán)

Si el filósofo es aquel que se asombra de la realidad, entonces el buen filósofo sería aquel que se espanta ante ella.
(Emilio López Medina)

Por sus dioses conoceréis a los hombres.
(Andrés Ortiz-Oses)

No podemos prescindir de la inmortalidad. Es la mejor droga contra el cansancio.
(Rafael Argullol)

Aunque no sea como forma predominante, son numerosos también los aforismos filosóficos declarativos que podemos encontrar entre los poetas. Ya ocurría así entre los grandes poetas de la primera mitad del siglo XX español (por no ir más atrás), y sigue ocurriendo actualmente. Algunos ejemplos:

El hombre es por natura la bestia paradójica, un animal absurdo que necesita lógica.
(Antonio Machado)

Todo hombre puede oír su abismo interior. La consciencia es un espacio.
(Juan Eduardo Cirlot)

La materia afirma el espíritu y lo prueba; es su única prueba.
(José Bergamín)

Me duele que la eternidad forme parte de nuestros materiales de construcción.
(Antidio Cabal)

Aunque no lo parezca, todo es novedad en la cotidianidad.
(Ricardo Virtanen)

La muerte no importa, importan las muertes.
(León Molina)

El segundo tipo de aforismo filosófico es el *poético-filosófico*. Lo hemos definido como un aforismo mixto en el que se expresan ideas filosóficas acudiendo a una expresividad lírica. Se mueve, pues, en un terreno híbrido que admite gradaciones hacia uno u otro polo. En la realidad resulta imposible determinar qué pesa más si lo filosófico o lo poético. Pensemos, por ejemplo, en la aforística de Antonio Porchia, en la que su sensibilidad poética corre paralela a su sentido metafísico, y no es posible deslindar una de otra ni inclinar la balanza hacia uno u otro lado.

Este tipo de aforismo híbrido predomina en el panorama aforístico español actual, y no es casual. Los motivos son diversos; apuntaré algunos que considero fundamentales.

En primer lugar, debemos mencionar la influencia de la poesía española de las generaciones de la primera mitad del siglo pasado, poetas con gran sensibilidad filosófica y que en bastantes casos fueron también aforistas, como Antonio Machado, Juan Ramón Jiménez, Max Aub o José Bergamín.

En segundo lugar, la asimilación de las ideas de María Zambrano sobre la profunda relación entre filosofía y poesía, ideas que hoy han alcanzado una gran relevancia en nuestro país. Para la filósofa malagueña, poesía y filosofía han representado dos formas tradicionalmente opuestas de aprehender el mundo, pero que si se mira con detenimiento están profundamente unidas. Esta unión, que ella denominó razón *poética*, no es sino una forma no instrumental de racionalidad.

En tercer y último elemento que quiero resaltar para entender el tono poético-filosófico del aforismo actual en España es el cambio de paradigma filosófico y cultural en general que se ha ido consolidando desde las últimas décadas del pasado siglo. Habría sido difícil que la poesía y filosofía se hermanasen en el aforismo actual si ésta permaneciera aún en el cauce de los grandes sistemas y sus pretensiones de objetividad y universalidad. La filosofía actual es heredera de una profunda desconfianza hacia esos planteamientos. Nietzsche plantó la semilla de la des-fundamentación de la razón; a él le siguieron otros movimientos renovadores como el existencialismo, la hermenéutica o la corriente posmoderna, que, desde distintas perspectivas, socavaron la concepción objetivista y metodológica de la verdad.

El existencialismo puso el foco de interés en el individuo y su tránsito mundano, en sus dilemas morales, en nuestra experiencia existencial en definitiva. Su influencia ha perdurado más allá de la filosofía, en la novela, en el teatro, en el cine... y también en el aforismo.

La hermenéutica ha legado al nuevo aforismo dos cuestiones fundamentales: por una parte, la idea de que comprender no es tanto argumentar como otorgar sentido a la realidad, lo que puede hacerse desde un lenguaje conciso. El aforismo se sustenta en una racionalidad sintética frente al despliegue analítico-explicativo. Y, por otro lado, la toma de conciencia de que el lector interviene activamente en el sentido de un texto, una complicidad que, en el aforismo, como sabemos, es esencial.

El movimiento posmoderno, directamente empa-
rentado con Nietzsche, ha forjado su identidad en el
desmontaje de la razón y sus grandes relatos (his-
tórico, metafísico, político-social…), lo que desem-
bocó en un "pensamiento débil", en una filosofía
minimalista que desdeña los caracteres fuertes de
objetividad, deducción, totalidad, coherencia... Las
influencias de este movimiento en la nueva aforística son enormes, como ha estudiado Demetrio Fer-
nández en *La lógica del fósforo*. El aforismo actual
ha asimilado los valores epistemológicos de este
cambio de paradigma, que, aunque ya conocidos
desde antiguo, se han potenciado intensamente: la
relatividad, el escepticismo, lo fragmentario, la paradoja, la ironía, el ingenio o lo lúdico; junto a
ellos, valores ontológicos como el dinamismo de lo
real, su caducidad o la relevancia de lo sensorial y
lo corporal... A ello le ha acompañado una sensibilidad de intensa estetización, de crítica al progreso,
una tendencia a la ruptura de fronteras culturales y
la mixtura de géneros… todo ello ha empujado al
aforismo filosófico más allá de la pura enunciación
declarativa.

Me detendré en el impacto de algunos de estos rasgos del nuevo paradigma en el aforismo filosófico
español contemporáneo.

Se huye hoy de sentencias sobre los absolutos históricos para descender a la vida cotidiana: el sujeto
abstracto del aforismo clásico ha sido sustituido por
un yo concreto con sus anhelos y temores, un yo
que vive y reflexiona mostrando cuanto hay en su
percepción de fragmentario, sensible y fugaz. En la
aforística actual son legión este tipo de aforismos.
La aforística, por ejemplo, de Rafael Ibáñez Moli-
nero (*La vida en minúscula*), gira casi exclusiva-
mente en torno a un yo explícito y cotidiano:

*Voy renunciando a mis sueños, pero añoro al so-
ñador.*

*Sigo sin encontrar respuestas y estoy empezando a
olvidar las preguntas.*

El yo ha sido entronizado, pero a la vez se torna
más vulnerable:

Desde que he adelgazado el yo, estoy más ágil.
(Andrés Ortiz-Oses).

Tan vulnerable que, a veces, no muestra todo su
verdadero yo:

Una autobiografía es un escondite muy sofisticado.
(Erika Martínez)

Para este contexto no sirve el rigor de la lógica: se necesita la luminosidad de la paradoja, de la ironía o el sentido del humor… que se potencian al extremo hasta convertirse en moneda común.

Esta revalorización del yo concreto y cotidiano recorre en el aforismo filosófico mixto la completa variedad de la experiencia subjetiva, frente a la seca vocación objetivista del aforismo filosófico declarativo. Hallamos en él con frecuencia la expresión de ideas a partir de vivencias personales, anécdotas, impresiones, confesiones o sentimientos.

¡Qué pasión adentrarse en uno mismo!
(Fernando Menéndez)

Soy la piedra en la que tropiezo.
(Carmen Camacho)

Hay días en los que salimos líricos de casa y la calle está épica.
(Ramón Eder)

El sentido del humor siempre formó parte de nuestra literatura, y aún sigue siendo así. El ingenio aforístico español actual sigue cultivando aquel sentido tragicómico de la vida, con su pesimismo más o menos explícito, pero jocoso, lejos del duro pesimismo de un Cioran o de un Schopenhauer. Algunos ejemplos:

La incineración te dará la despedida más calurosa.
(Manuel Feria)

Agonizo, pero, aparte de eso, no tengo ninguna razón para quejarme.
(Fernando Aramburu)

Escribo filosofía; doy testimonio de mi ruina sin inmutarme.
(Mario Pérez Antolín)

Tanto en los aforismos filosófico-declarativos como en los mixtos podemos hallar, obviamente, todo tipo de perspectivas, desde la racionalista a la empirista, del pragmatismo al escepticismo, del vitalismo al existencialismo, y un largo etcétera. Lo mismo sucede respecto a los distintos campos filosóficos, todos ellos están presentes, en mayor o menor medida: moral, antropología, estética, epistemología, metafísica…

De estas ramas de la filosofía, la de mayor presencia en el panorama español contemporáneo es la vertiente moral (también llamada moralista). Debemos entender aquí "moral" en el sentido etimológico del término, referido a las costumbres y los valores sociales. Este aforismo moral sigue por otra parte una noble tradición española que halla su cumbre en el siglo de oro con Baltasar Gracián, pero que también podemos encontrar en los grandes del aforismo en español del siglo XX: Antonio Machado, Juan Ramón Jiménez, José Bergamín, Rafael Sánchez Ferlosio, Max Aub, Juan Gil-Albert… o al otro lado del Atlántico, en autores como Enrique José Varona, Augusto Monterroso, Octavio Paz, Nicolás Gómez Dávila o Eduardo Galcano.

La libertad no hace felices a los hombres. Los hace, simplemente, hombres.
(Max Aub)

Por mucho que un hombre valga, nunca tendrá valor más alto que el de ser hombre.
(Antonio Machado)

La humanidad va hacia una especie de soledad infinita de signo multitudinario.
(Juan Gil-Albert)

La verdad de la patria la cantan los himnos: todos son canciones de guerra.
(Rafael Sánchez Ferlosio)

La libertad no necesita alas, lo que necesita es echar raíces.
(Octavio Paz)

La barbarie es la guerra a cara descubierta; la civilización, la guerra con antifaz.
(Enrique José Barona)

Tan relevante es el peso del aforismo filosófico moral que no ha faltado quien, como el poeta y aforista Carlos Marzal, identifica el género aforístico con la sentencia moral: un saber sobre el tránsito mundano. Abarca un amplio espectro, que va desde las cuestiones estrictamente éticas a las sociales, políticas o existenciales, muchas veces con su típica carga irónica (tan del gusto del aforismo del siglo XVII), con la que levantan el velo de la costumbre para ver lo que se esconde tras ella.

Podemos distinguir tres tipos de aforismos morales:

a) Los **descriptivos** nos revelan aquello que se esconde tras nuestras relaciones sociales:

La gente consigo misma es como es, con otros es como quisiera ser.
(Emilio López Medina)

La vida es un borrador que no se puede pasar a limpio.
(Carmen Canet)

b) Los **valorativos** son aquellos en los que emitimos un juicio de valor sobre una situación determinada. Acusan o delatan la hipocresía, la injusticia o el sinsentido de ciertas relaciones sociales o algunas instituciones: la relación entre poderosos y humildes, el poder político, el matrimonio, la amistad, la Iglesia… En otras ocasiones son una invectiva contra nuestra forma de vida: crítica a la superficialidad, al consumismo, a la destrucción del planeta...

El hombre moderno tiene mil llaves, pero no encuentra una puerta que abrir.
(Gabriel Insausti)

*Los estados de opinión son los embarazos de la so-
ciedad: los reconocemos por lo que abultan.*
(Cristóbal Serra)

Publicistas: mercenarios de la palabra.
(Carmen Camacho)

c) El tercer tipo de aforismo moral es el **norma-
tivo**. En él se ofrecen consejos o advertencias que,
con mucha frecuencia, resultan chocantes a primera
vista pero que en el fondo atesoran gran sabiduría:

*No recuerdes sólo lo bueno o te parecerá que vivis-
te media vida.*
(Manuel Feria)

Atrévete a ignorar.
(José Luis Trullo)

Otro perfil del aforismo filosófico muy presente en
el panorama actual es el de temática epistemológica. Es una temática poco frecuentada en nuestra
tradición pero que hoy está alcanzando una innegable notoriedad. No sólo los encontramos en el tipo
declarativo, algo natural por la relevancia del tema
en la tradición filosófica, sino también en el aforis-

mo filosófico-poético. Se incluyen aquí los aforismos sobre el aforismo, reflexiones autorreferenciales muy frecuentes entre los aforistas actuales.

Hay en estos aforismos una gran influencia de los valores des-fundamentadores de la razón, antes mencionados. Es cierto que el aforismo ha sido siempre inconformista, receloso de los valores establecidos, y, en este sentido, propenso a la duda y a la crítica. Pero en la actualidad se aprecia una expresa defensa de un escepticismo medular no exento de matices pesimistas. Son muy visibles actualmente temas como la incertidumbre, la fragmentariedad de todo saber y su fugacidad, la crítica a la razón totalizadora o la valoración de lo sensorial. La enorme actualidad de Michel de Montaigne no es casual, la quiebra de toda certeza aparece como trasfondo filosófico en numerosos aforismos con tono muy diverso, desde la ironía, la paradoja, al humor… Algunos ejemplos:

Soy un sabelonada.
(Carlos Edmundo de Ory)

Que nada te empañe la lucidez de verlo todo empañado.
(Gabriel Insausti)

El pensamiento es caos, sólo si se deja disperso se ofrece su verdadera imagen, en fragmentos, en pedazos.
(Eugenio Trías)

En los títulos mismos de algunas obras se refleja la pujanza de estos valores epistemológicos de fragmentariedad, escepticismo, ambigüedad y volatilidad: *La dispersión*, de Eugenio Trías; *Nunca se sabe*, de José Luis Trullo; *Pensamientos de intemperie* de Manuel Neila; *El cazador de instantes* de Rafael Argullol; *La razón y otras dudas* de José Mateos; y bastantes más.

La aforística española actual no desdeña en absoluto la metafísica, temas como el tiempo, la muerte, Dios, el alma o el sentido de la vida, son, como no podía ser de otro modo, caladeros inevitables para un género en el que la densidad expresiva y la hondura son definitorias:

El orden es solo la máscara del caos.
(Manuel Feria)

¿Revela el espejo la transparencia de la realidad o de la apariencia?
(Roger Swanzy)

La perfección de la nada.
(Miguel Catalán)

Mi alma es el abismo en que me precipito.
(Rafael Gonzalo Verdugo)

A la metafísica no le interesa la piel.
(Joan-Carles Mèlich)

Algunos aforistas-poetas como Juan Eduardo Cirlot, Luis Felipe Comendador o José Luis Gallero son especialmente dados al aforismo metafísico:

La realidad es una forma de ficción tangible.
(Luis Felipe Comendador)

Cada muerte renueva el misterio de estar vivo: el misterio del fugitivo intercambio de los mortales con lo eterno.
(José Luis Gallero)

En la aforística de Ortiz-Osés, la metafísica adquiere un enorme peso, teniendo como uno de sus grandes ejes el problema del sentido de la vida:

*No sabemos de dónde venimos ni a dónde vamos:
por qué corremos.*

La vida: poca sustancia y muchos accidentes.

Aunque el aforismo poético-filosófico ha supuesto
un viraje estético innegable frente al más sobrio de
corte declarativo, la expresa composición de aforismos sobre la belleza y el arte tiene en la actualidad
en España un peso relativamente menor. Aforismos
sueltos sobre estética los podemos encontrar, si los
buscamos, en muchos aforistas, pero sólo algunos
han dedicado colecciones de aforismos a esta temática: *Apuntes sobre pintura* de Juan Manuel Uría;
La verdad de la belleza. 99 aforismos sobre el arte,
de Emilio López Medina; o el capítulo titulado Ars
Artis de *El funambulista ciego* de Ricardo Virtanen, entre otros. Hay una excepción en el campo
estético que sí encontramos con bastante frecuencia: los referidos al arte poético. Si hablamos de
estética en un sentido amplio como la reflexión filosófica sobre todo arte, y dado que la mayor parte
de los aforistas actuales son poetas, las frases sobre
el quehacer poético, sus límites y naturaleza o el
impulso hacia él, son frecuentes en la actualidad,
aforismos generalmente enlazados con cuestiones
de filosofía del lenguaje como la esencialidad de la

palabra, la difícil identidad entre esta y el pensar, sentido y significado, …

Para acabar diré, en resumen, que el aforismo filosófico español actual goza de excelente salud, reacio a fronteras y demarcaciones de poetas y filósofos, de científicos y artistas, alejado de los cauces académicos, del boato de las conmemoraciones institucionales y el prestigio de los grandes cenáculos literarios. El aforismo filosófico se entrega hoy a una filosofía sin fundamentos, a ese "pensar a la deriva" del que hablaba Eugenio Trías, que no significa otra cosa que pensar y escribir sobre la vida sin ataduras ni justificaciones.